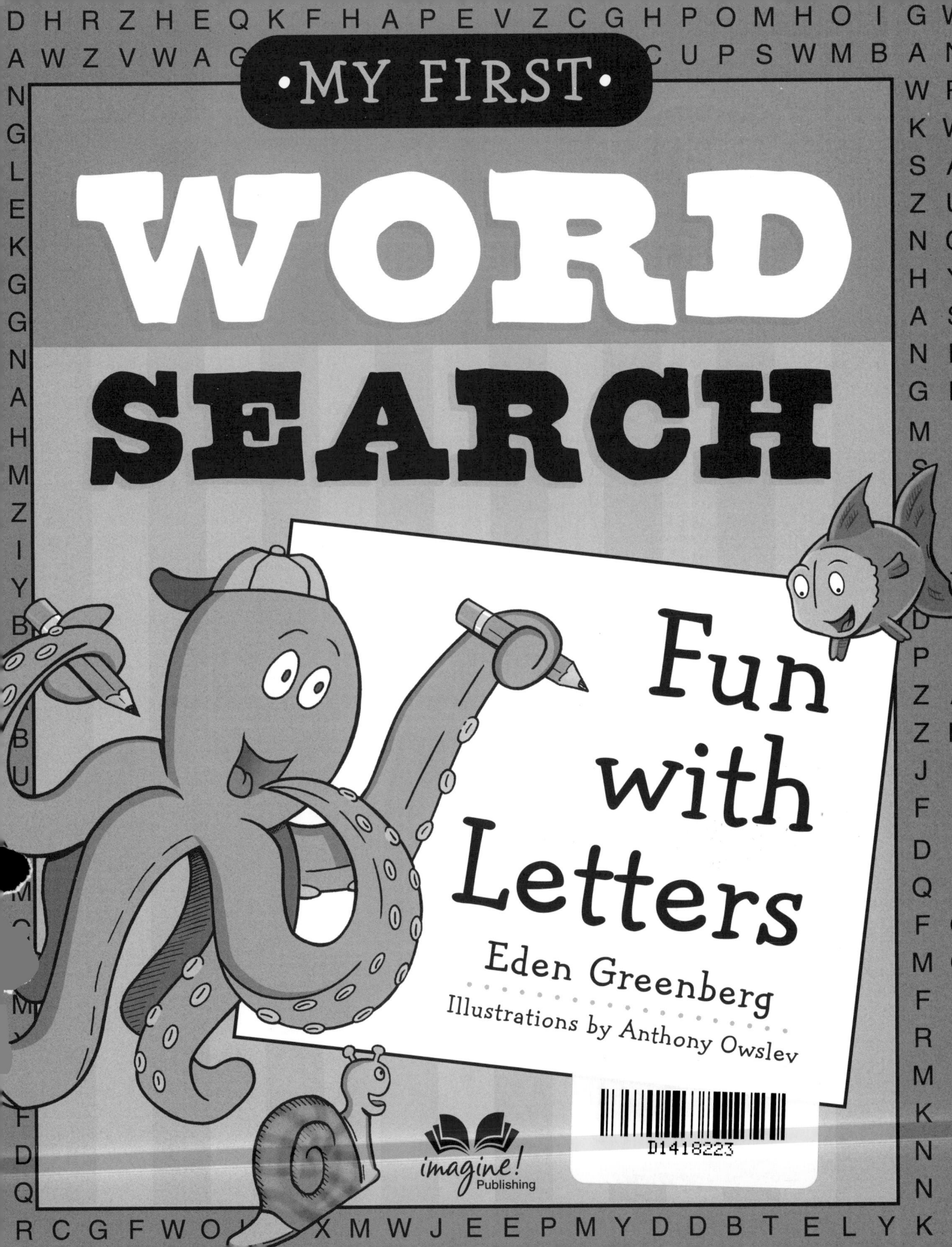

MY FIRST
WORD
SEARCH
Fun with Letters

Eden Greenberg

Illustrations by Anthony Owsley

imagine!
Publishing

D1418223

An Imagine Book
Published by Charlesbridge
85 Main Street
Watertown, MA 02472
617-926-0329
www.charlesbridge.com

Printed in China

ISBN 13: 978-1-62354-006-7

10 9 8 7 6 5 4 3 2

A Words

A	P	E	V	Z	C	G	H	P	O	M
J	T	X	A	O	B	A	C	U	P	S
A	S	K	C	E	Y	R	U	T	J	X
P	C	A	O	A	I	T	O	E	J	R
P	H	K	R	C	N	J	A	Y	U	Y
L	A	K	N	E	O	H	P	A	N	T
E	N	A	L	L	I	G	A	T	O	R
D	K	Q	U	Y	M	Q	J	X	D	P
A	L	I	E	N	M	R	K	O	V	C
A	E	J	F	T	M	L	W	F	K	F
H	Z	G	D	A	S	H	M	L	V	B

ace	ant
acorn	ape
alien	apple
alligator	art
ankle	ash

Long *A* Sounds

```
Z D G O E F P M O Y E
R W F W S U L Y L X W
T A Z T O D A Y B O W
X S W G U E T T B H W
N T Z F I Z E A A K H
H E D U E N G P B F V
C H Q J Q D X E Y Y C
G S J P A S A L E W H
D P A S T E R Y A C A
Z N A M E W F A B V I
F B R A I N Y M P G N
```

baby   plate

brain   sale

chain   tape

name   today

paste   waste

Short *A* Sounds

```
V R Q P F A N G Y W F
M Z D U I M T N I O V
W N E B G P Z A Q B I
A D N F L A S H C Z J
R W U L A S Q T A L Y
A U L M D T O A P D M
S V L A B A S X V L X
H Q D P A R Q H F H B
B Z E A G W J L R A T
Q M H H U M N X W P Y
B V F L R H A D R G H
```

cap	lab
fang	map
flash	past
glad	rat
had	tax

AU Sounds

```
Z  S  A  V  J  P  X  G  Q  C  V
L  A  U  N  D  R  Y  S  A  K  T
R  U  T  R  D  L  R  H  I  H  F
J  C  O  J  A  A  F  A  U  L  T
P  E  Y  D  U  U  F  E  K  V  Y
Q  M  R  H  G  N  A  U  E  R  B
Q  X  T  A  H  C  Z  R  B  Y  U
U  S  T  U  T  H  C  A  U  S  E
Y  Z  Q  N  E  A  U  T  H  O  R
Z  Y  U  T  R  J  V  A  U  L  T
J  B  R  C  I  N  D  Y  G  S  H
```

author	haunt
auto	launch
cause	laundry
daughter	sauce
fault	vault

B Words

B	O	A	R	D	Z	B	Y	L	P	D
B	W	B	L	G	Z	U	K	K	A	Y
L	B	R	O	O	M	T	H	T	J	B
E	B	I	R	D	N	T	T	J	R	E
N	M	N	M	M	Q	E	O	M	U	L
D	F	G	W	D	L	R	Q	H	J	T
O	V	M	Q	Q	L	R	Y	W	T	Z
N	O	E	B	U	M	V	O	H	U	B
F	M	E	A	O	H	B	E	N	C	H
R	C	S	R	G	X	S	X	I	V	O
T	X	G	N	B	A	T	H	D	Q	F

barn   blend

bath   board

belt   bring

bench   broom

bird   butter

Hard C Sounds

```
W K U P E M Q E B Y J
B C V F L C U B E M G
S O B U I C O M E T P
Y L H C A N D L E S R
C O E U S B C I I C C
A R C A C T U S K A O
R X R T S B P M V M O
R X A H P E N T W E K
O O D N S G G Y Y L I
T D W R Q V E V Z F E
F C A B I N G M V E P
```

cabin	color
cactus	comet
camel	cookie
candles	cube
carrot	cup

Soft C Sounds

```
R  J  F  Q  P  E  N  C  I  L  T
K  U  R  Z  M  P  O  V  C  S  I
O  T  P  B  S  R  S  L  I  C  E
L  K  T  C  V  I  C  K  T  N  T
A  D  S  R  Y  N  W  M  Y  Z  S
C  L  F  D  I  C  Y  F  H  F  J
Y  S  K  J  C  E  J  H  B  A  U
M  J  G  O  Q  S  C  W  J  N  I
H  E  U  V  W  S  F  K  J  C  C
B  T  W  D  A  N  C  E  E  Y  E
S  S  L  K  R  H  F  A  C  E  K
```

city   juice
dance   lacy
face   pencil
fancy   princess
icy   slice

CH Sounds

```
U B H D C T J Q B J B
H W A Y H E V W K B V
C X T B A A C H O P Q
H F C K I C T U I S U
E N H S R H T L S G L
R C H O C O L A T E U
R V Z I R D O Y L F N
Y R Z U F E T C H V C
P X I J C H E E S E H
V Q N U R O A C Y G K
P I N C H L B R C O T
```

chair   fetch

cheese   hatch

cherry   lunch

chocolate pinch

chop   teach

CK Sounds

```
N O N I C K E L O J C
V T I C K L E B I E L
Y D W D U C K P N E H
J R C V H H S O F J G
J T H B L P F C F R Q
U S I R D K H K W T O
V T C I L I H E N Q R
D I K C H C H T N D J
L C E K D K S T A C K
L K N Y I Z Q K O R X
S E L U C K Y E C N I
```

brick   nickel

chicken   pocket

duck   stack

kick   stick

lucky   tickle

DR Words

U	V	X	F	Z	D	A	M	W	B	D
N	M	U	Y	D	R	D	H	O	W	Z
Z	Q	J	D	R	Y	R	D	O	S	R
X	O	D	R	A	G	O	N	E	C	J
E	M	D	O	I	W	O	C	Q	D	P
L	U	U	P	N	B	L	I	Y	R	X
Q	W	C	B	W	G	W	B	B	I	A
D	R	A	W	N	Y	U	X	Z	F	I
A	D	R	I	N	K	O	L	S	T	E
O	D	R	U	M	D	R	E	A	M	A
N	D	J	F	R	C	U	H	U	N	M

dragon   drink

drain   drool

draw   drop

dream   drum

drift   dry

E Words

```
X X D E E I M J P P W
W Z R E R B G E L V R
L U M L F J I R H E W
K B E A T F M A C G M
W E I G H T L S M G P
V M E Y E E E E R P W
A J F O X A L T D J A
E N T E R M B E N Q K
T E C H O M O V Q I S
E Z F U M U W E C V E
A C A E S T C N Y K T
```

eat	elbow
echo	enter
eel	erase
egg	even
eight	eye

Long *E* Sounds

```
Z F M X B Z V F E E L
X A B Y X O P D E A L
L D R Q O O B G F J G
U G E E S E P R X N U
C H E E R N E E D L E
R T Z F R M A A S P J
U L E A O A S D H J P
J K M V E N N A E L N
F R G Q V Z C P E C D
X C N X I X O T P J C
J U M Q L V I L K N F
```

breeze   geese

cheer   needle

deal   pea

evil   read

feel   sheep

Short *E* Sounds

```
X  T  E  S  T  I  G  W  F  W  P
E  W  S  C  V  D  L  D  A  Z  Z
S  N  E  H  S  I  B  S  G  S  K
G  M  E  L  E  P  H  A  N  T  M
Z  H  G  L  N  T  I  Y  P  E  N
V  E  J  B  D  G  V  E  X  I  T
H  N  G  P  D  C  N  E  R  I  F
S  G  Z  M  W  P  E  B  H  G  R
B  I  Q  D  E  S  K  M  E  L  T
E  N  L  O  B  C  A  P  L  T  J
G  E  O  G  Q  Q  O  F  P  U  R
```

beg	help
desk	pen
engine	send
elephant	test
exit	web

F Words

```
L W P D J C G X A S L
I G W Q F L O A T L T
Q S N F O U R G F R F
F A R M G Q O F Y J E
U Q T F K T M L O F A
V F O R T T Z O F I T
F R A M E J F O U L H
T F P K F R R R L E
Y I Q N S Z E H J P R
D R U N B X E K P O V
E L Y K A B G Q T Z F
```

farm   fort

feather   four

fill   frame

float   free

floor   fur

Hard *G* Sounds

```
A  G  A  T  E  K  C  M  I  B  A
V  P  O  S  F  N  V  A  C  K  W
U  V  L  A  G  N  G  U  I  Z  V
Y  T  J  J  U  G  A  R  D  E  N
Z  J  M  L  L  V  Z  G  O  W  N
H  I  A  O  P  B  E  M  W  E  G
K  X  O  O  G  U  T  Z  E  A  H
G  O  R  G  O  A  T  J  R  P  O
U  N  O  O  L  D  G  A  S  P  S
M  E  D  G  F  S  Q  P  O  D  T
M  X  J  N  U  L  I  K  A  H  I
```

garden	goat
gasp	golf
gate	gown
gaze	gulp
ghost	gum

Soft *G* Sounds

```
G A K T S L Z A H E D
Y X I M T I B Y D N M
M G O R A N G E L E N
G E M I G G Z G C R H
E R D L E N Y D W G M
F M J V X E R H N Y I
U C A G E N P Y Z Q M
D A M A G I C C A X J
G M P L A R G E P I P
E W C S M Z C C O H D
A V J K W R S T C J E
```

cage   gym
energy   large
fudge   magic
gem   orange
germ   stage

GL Words

```
T D H R Z H E Q K F H
K A W Z V W A G I F T
A N E W I G G L E V R
I G L O O G L O Q A G
G L A Z E L E B O Y O
K E A B B A T E W U W
P K G V V N S E O Z K
V G L O W D R C L V E
U G U K F W O D J U C
G N E N G U G L Y O G
V A V Z I D K H L J E
```

dangle	glow
eagle	glue
gland	igloo
glaze	ugly
globe	wiggle

GR Words

```
L L G G R A S P F J X
I G R I P I G Z E Y K
K A A F R G R A Y X G
Q A I Q W W A M A L R
J Y N Q F Z B B E P O
G G J I S R V Y O C S
D R L G R A V E L G S
D U R H E D U A Q R F
K M G R O W L Z I E I
F P R U E A K B V A Y
N Y V K L L Q X C T R
```

grab   great
grain   grip
grasp   gross
gravel   growl
gray   grumpy

GRRRR!

H Words

R	J	Q	Q	Z	E	R	D	Y	J	G
J	S	B	C	Z	C	I	Y	U	C	U
H	E	R	O	D	M	C	T	L	F	Y
J	U	F	M	H	I	M	H	P	A	J
R	W	D	M	O	H	E	A	R	T	H
P	H	M	Y	N	H	H	V	U	U	U
B	O	J	J	E	A	O	E	X	N	X
Y	S	X	B	Y	I	R	G	G	N	X
D	E	J	E	L	R	N	H	I	V	E
J	G	O	V	L	H	O	R	S	E	Q
R	H	Z	F	O	H	I	M	S	P	Y

hair   hive

have   honey

heart   horn

hero   horse

him   hose

Long / Sounds

```
T H M A F P X E W W W
S M Z O J R B R D Z C
I Z U A T I I B N Y V
G I J O Q C T W I H F
H Y N Q X E E H N W S
F B R I G H T Q E F M
V C R I M E Y M V M I
E R C Z K F K I T E L
X B N M M A I Z Q E E
Z U F I G H T L I K E
S O O Z Z T R E A U J
```

bite   like

bright   nine

crime   price

fight   sigh

kite   smile

Short *I* Sounds

```
H O Q M J R L G C N G
F Y K P F L I P R N W
R C M S Q B D J X X I
E I J H G N L N F L J
G G F R N K D A I T B
L H W I N J H H N V B
C X M M N Q I I G P I
L G S P T F M N E A G
W K U E U Y I T R L S
S H R I N K K L B I G
C T L I S T E N C J A
```

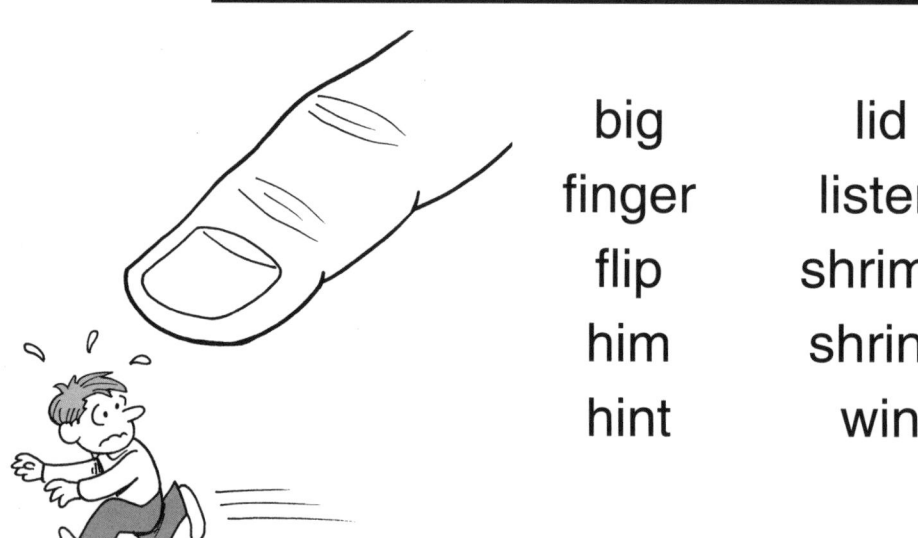

big	lid
finger	listen
flip	shrimp
him	shrink
hint	win

J Words

```
H K F I I N Q Z Z Q D
K W M I S J E L L O H
T H Z J N V P P H Y P
Y K J A D E N W I B G
P N B R Y O O P Q R E
H J U N G L E L E G W
R G K J J T J B O F U
Z Z K A O Y E J A B Z
D I K I K J L V E D A
Z K Q L E A L C Y C Z
W J E E P M Y D D B T
```

jab   jeep

jade   Jell-O

jail   jelly

jam   joke

jar   jungle

KN Words

```
L  Q  W  V  K  G  C  I  M  D  G
J  R  R  K  N  I  G  H  T  H  S
H  T  A  V  O  H  T  K  R  H  Y
A  Z  Y  B  C  W  K  N  O  B  R
L  C  F  P  K  L  G  I  P  D  K
K  U  K  U  D  Z  B  T  K  P  N
N  K  N  O  W  K  P  D  E  T  O
E  W  E  L  P  P  W  M  X  O  T
A  J  E  K  N  I  F  E  Z  W  Q
D  F  L  G  U  D  X  R  V  W  P
N  L  S  E  P  K  N  E  E  C  C
```

knead	knit
knee	knob
kneel	knock
knife	knot
knight	know

L Words

```
P C X M I M Q L O N G
U F A S L X C L P N G
R M B L I N T O P L A
H R U D F L E S S O N
L P M Z T Y A B W F N
E X D D V B V Z W T H
G H L P L X L L A N D
E Z B Z A F U J J X R
N P M Z M F N O H B N
D P T J B N G X J U Q
L E A F I X B T U Y A
```

lamb	lift
land	lint
leaf	loft
legend	long
lesson	lung

M Words

```
S T D Q W H K V U E J
U R I L Y G M O B M C
C C S M F M O N K E Y
M K A I O P M B J A D
O F B N H I R Z Z L R
R O H D K T Y P P U H
N I W J I H R W M L E
I T V M A S H H U U Q
N Z G U R Y T B S P L
G L B M E L T Q T B V
W M I S T E M A I L Q
```

mail   mist

mash   mom

meal   monkey

melt   morning

mind   must

NG Sounds

```
H  O  I  G  W  I  M  J  H  S  S
W  M  B  A  N  G  O  W  X  I  I
Q  O  D  W  R  I  N  G  N  B  N
M  C  R  K  W  Z  W  C  D  E  G
Y  M  A  S  A  V  I  N  G  L  D
G  Y  W  Z  U  O  N  R  G  O  L
C  L  I  N  G  X  G  P  D  N  P
T  F  N  H  Y  M  A  A  B  G  B
S  D  G  A  S  L  L  G  O  B  R
G  Q  Q  N  F  I  S  H  I  N  G
G  R  C  G  F  W  O  K  N  X  M
```

bang   hang
belong   ring
cling   saving
drawing   sing
fishing   wing

NK Sounds

```
F X H C P Y I A T R E
D Y K C C U I I R X V
D X J H S F B R I L J
R S K U N K I X N H W
I B O N P Z L G K O I
S I V K L I N E N N
F Y A N K C B Q T K K
V J U N K J I G S Z L
S U R G L I H Y I G O
G B L A N K E T N P H
R P X O T M J S K W B
```

blanket	sink
chunk	skunk
honk	trinket
junk	wink
link	yank

Long *O* Sounds

```
T P O C X G J X I K O
H S Z G B O T H F T D
Z Z A E U L T K R H Y
L J U T G D T R O L L
V E H Z Z P G V Z D Y
L S M U O I H Q E M U
A R R O W L J Z A U P
M P S E E L U S Q D R
H R O A D O U H T A O
X T D D Z W Q H R T B
Z C A M O M E N T P E
```

arrow   pillow

both   road

froze   robe

gold   soda

moment   troll

Short *O* Sounds

```
S M A T H Z P G U M H
T L A A Y D L H F O O
O X R C L O C K X N L
P Z N T F T U L N S I
X L O L L I P O P T D
P R T T A Q W X A E A
D F I P R K K Z Y R Y
C O P K V F Y Q E B O
C D O L L A R U S I Y
K I P L O P B J U R O
V F U X Q S W E L V G
```

clock   lollipop

cop   monster

dollar   not

dot   plop

holiday   stop

OI Sounds

```
L U K J U T B O I N G
C J M P E M I A D O E
H H S T V I B L A I R
O M U V Q W O U A N B
I A V O I D T F V K H
C N O I S E T Q Y E O
E M H C V Z P F M Z I
O A J E P O I S O N S
V C O I N T C G H I T
Q S I L X Z A B B I Q
J X N C P M C D B W C
```

avoid   join

boing   noise

choice   oink

coin   poison

hoist   voice

Long OO Sounds

```
G O O S E R M L O O P
F M P D F M S Q H P N
O N S J S F C K A E O
O D O V P O O Z D D O
D V Y K O Z O O S J D
E Y B S O V T M Q U L
S D L M N C E O F G E
P A Z B F Q R O E D B
P S R M U S H R O O M
J Q E L Y O H J W J C
N X B A L L O O N S A
```

balloon	mushroom
food	noodle
goose	scooter
loop	spoon
moo	zoo

Short *OO* Sounds

```
E D D F O O T W K P W
H E N B O O K O C J S
O Z F H X I X O O F T
O V W I H I P L O Z O
F X P L X Q Y Q K A O
T O O K N E S C M X D
R S S L I W O O D E N
B A I A X G H S J G I
K L C P C R C S S O C
G R A Q U N X X W O F
C G A S H O O K R D U
```

book   shook
cook   stood
foot   took
good   wooden
hoof   wool

OU Sounds

```
Q N J O R P A B O U T
I F O J M O H F W I O
Y O N F P U J O F V L
F U A U N L U M R I
L L U B O D S N S D O
O M D W H C E D N G R
U H O U N D U F O N B
R X T H O U R X U H Z
J S R F X Z A V N K W
L O U D E R C L O U D
A L G A T M V P Q B U
```

about	hound
cloud	hour
flour	louder
foul	noun
found	pound

P Words

```
E  F  F  A  D  X  U  P  P  K  G
I  U  M  D  R  X  Q  L  N  P  D
Z  P  U  H  P  P  L  A  N  T  X
L  A  K  T  O  P  H  N  E  H  O
P  H  W  K  U  B  J  E  Q  C  I
R  X  F  X  R  T  Q  P  E  E  L
I  R  P  T  X  U  F  N  S  S  T
Z  P  A  P  O  I  N  T  S  B  X
E  I  I  I  K  K  P  A  R  T  Y
Z  N  N  P  U  S  H  E  X  Y  M
Q  K  T  F  M  H  P  F  G  H  L
```

paint	plant
party	point
peel	pour
pink	prize
plane	push

PH Sounds

```
E B W P H O B I A B H
L P H O N Y J G D I Y
E W D O L P H I N P I
P Q T E L E P H O N E
H P J Z N P H A S E P
A H U Q G E Y P S V H
N R F X R I I P E K O
T A A O A I T H W Q N
I S P J P R R O G O I
G E Y E H T X T S D C
Y A C G J B Z O N J S
```

dolphin   phony

elephant   phonics

graph   photo

phase   phrase

phobia   telephone

Q Words

```
Q U I L L R Q U E S T
V H P Q Q U Q U I L T
V J Q U A R T E R S G
M W S O Q V S C Q H Y
T E G T U V J L U Q N
Q A D E A M T D E U N
U I Q Z C Y X X S I W
I R X H K E U Y T C H
E Q U I T O F P I K P
T G L U W L L E O C O
N N K F H T J R N Z Q
```

quack   quiet

quarter   quill

quest   quilt

question   quit

quick   quote

"TO QUACK... OR NOT TO QUACK?"

R Words

```
C H V R O O M M T B Q
W B T T R Y B C J R B
U M Z R I C E K R E P
E U O Q S B R G U N G
H Q F S E T A A D T R
A E P E L K M V E W P
R A B B I T P A K V R
W R A D I O T Q Y P U
Q K J X A B S B T X S
I T P K Y U K O F E T
G D M R O D L A B Z Y
```

rabbit   rise

radio   rod

ramp   room

rent   rude

rice   rusty

SH Words

```
S C W M S S B N S V L
H F I S H E R M A N E
E W S K U A E W F Y I
E T H A S S D O L V B
T Q O P H H Y H A Z I
G T K R O O S H A P E
N Z A T D R K Q C Y L
P D R L I E S H I N E
J C C F S C A S H U M
W B Q K H B R U S H D
Y M V T O V L J R I W
```

brush   shape
cash   sheet
dish   shine
fisherman shush
seashore   wish

SW Words

```
Z S S W A R M R Y S Y
S W E P T Y S K D V H
J E I N D S W A M P K
Q A E W O T I D K A S
R R U K R H M X F N W
J Q I K Q T P F S S O
S W A L L O W T W W O
C S W A P P G H I A N
N Q D C Q W T T N N O
P G W V E O L Y G A J
W G T V N H I E S P M
```

swallow   swear

swamp   swept

swan   swim

swap   swing

swarm   swoon

TH Words

```
R T H I S T T Y H H T
H D N V G H H P D X H
T H I R D I R I Q J E
H T O R S N E T W L F
T H O R N K A H D J T
Q R M I Y U D A Z P C
G E R Y X H W T R A J
C E N B O T H R O N E
A F G Q R H B V G G O
K L J O X N U U R U F
T H A N K R R P V O G
```

thank	this
that	thorn
theft	thread
think	three
third	throne

TW Words

```
H R S T L L V E V T U
K T W K H E R O Z W T
N Q N R T W I C E I W
T W I G O Z I M K R E
T T W I N K L E D L L
W L Y X V S C K T T V
E E W L D Z U G W W E
N P A O C I O L E E I
T T W I N S T G E A P
Y V B Q P N T J T K G
K G I V U T W I S T I
```

tweak   twig

tweet   twinkle

twelve   twins

twenty   twirl

twice   twist

Long *U* Sounds

```
V  S  C  B  L  U  E  F  H  V  C
U  D  P  X  W  P  U  L  A  D  L
Z  Z  G  C  U  A  M  U  S  I  C
J  T  G  M  L  R  F  T  C  C  S
J  R  X  D  X  A  R  E  U  E  B
R  U  L  E  A  C  T  P  T  A  H
M  E  R  W  X  H  F  W  E  P  G
C  B  J  A  O  U  Y  B  D  X  P
H  U  G  E  G  T  O  V  U  H  Y
Y  V  R  Z  U  E  H  L  K  T  Q
U  N  I  C  O  R  N  F  E  F  L
```

blue   music

cute   parachute

duke   rule

flute   unicorn

huge   true

Short *U* Sounds

```
W  G  L  M  Z  J  P  I  E  Y  B
U  H  U  M  C  U  B  J  V  H  M
W  B  M  U  G  M  R  T  B  N  X
A  U  P  N  P  P  U  B  D  C  B
M  T  O  C  B  D  X  K  C  X  W
P  T  P  L  U  S  Q  X  B  R  K
L  E  L  E  G  A  A  W  R  P  B
J  R  V  U  M  B  R  E  L  L  A
Q  F  N  P  Y  Z  U  H  K  S  H
P  L  U  M  B  V  K  P  O  N  O
S  Y  D  A  G  U  F  G  J  Z  G
```

bug	lump
butterfly	plum
cub	plus
hum	umbrella
jump	uncle

V Words

```
E P C E N T M V A N E
I I U G V D V D M P W
F V A C A T I O N B I
C S Y E S K N O V F S
Y M V K E C E C I W V
C V I S O R V Y S N A
O F O A N E M K I W U
V A L U E H L C T W L
O V E S T J B R S V T
D X T M L M L M G F F
D S V T H K O U L W W
```

vacation   vest

value   vine

vane   violet

vase   visits

vault   visor

WH Words

A	W	Q	W	H	I	S	T	L	E	U
W	H	A	L	E	K	N	B	R	Q	X
Y	E	Q	H	N	V	N	S	H	L	H
N	R	Z	L	M	Q	J	O	K	V	Z
P	E	W	D	B	W	H	A	T	N	O
K	W	H	I	T	E	W	W	C	J	H
H	H	I	E	S	D	H	H	L	E	W
S	G	S	Y	I	B	E	E	V	L	H
W	W	K	V	N	B	A	N	P	J	Y
W	H	E	E	L	K	T	P	N	R	O
P	J	R	B	P	S	D	N	A	P	S

whale	where
what	whisker
wheat	whistle
wheel	white
when	why

X Words

```
Y E Y N V Z R U T I M
Y O A F L E X K W O B
Q Z F Y U P M J Q E B
J Z F I X E J A C L M
V I F T A X I P A Z I
Y J P P W A X F Q K X
F A X V N M R T M S M
M S T C S I L W J B N
B T E B L G M B I U W
O J X K Q V B W N Y R
X W T W P O B X X S G
```

box	jinx
exam	mix
fax	taxi
fix	text
flex	wax

Y Words

```
P G C Y B Y T A V A P
B W Y O Y O K B G M I
Q X U U N Y H M Y N
T Y M N Y Y A M S E P
P E A G A E K H U S U
B S P C R K Y K N T W
T R T N N F N R X E P
C L W Y E L L O W R J
N Z R Q A Y A R D D X
V Y A N K W U C B A K
K D P K Z V N J D Y G
```

yak	yellow
yam	yes
yank	yesterday
yard	young
yarn	yo-yo

Z Words

```
L Z O O M Z Z T U Q P
Z A G I K O E P D K D
R R I M O N R T J N Z
Z O B Z O E O V D G A
E O E E G C O Z L D P
B L Z I G I J Y K T S
R K Z E S T F K E E W
A Z J D E E S S O Z V
B E Z I P P E R F I N
O U N X C J G L U N G
S L J V S B H S Q G X
```

zag   zig

zap   zing

zebra   zipper

zero   zone

zest   zoom

1 *A* Words

2 Long *A* Sounds

3 Short *A* Sounds

A P E V Z C G H P O M
J T X A O B A C U P S
A S K C E Y R U T J X
P C A O A I T O E J R
P H K R C N J A Y U Y
L A K N E O H P A N T
E N A L L I G A T O R
D K Q U Y M Q J X D P
A L I E N M R K O V C
A E J F T M L W F K F
H Z G D A S H M L V B

V R Q P F A N G Y W F
M Z D U I M T N I O V
W N E B G P Z A Q B I
A D N F L A S H C Z J
R W U L A S Q T A L Y
A U L M D T O P D M
S V L A B A S X V L X
H Q D P A R Q H F H B
B Z E A G W J L R A T
Q M H H U M N X W P Y
B V F L R H A D R G H

4 *AU* Sounds

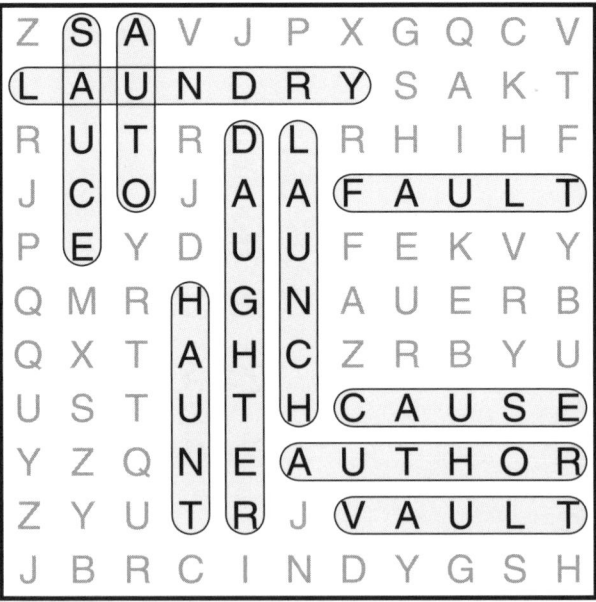

5 *B* Words

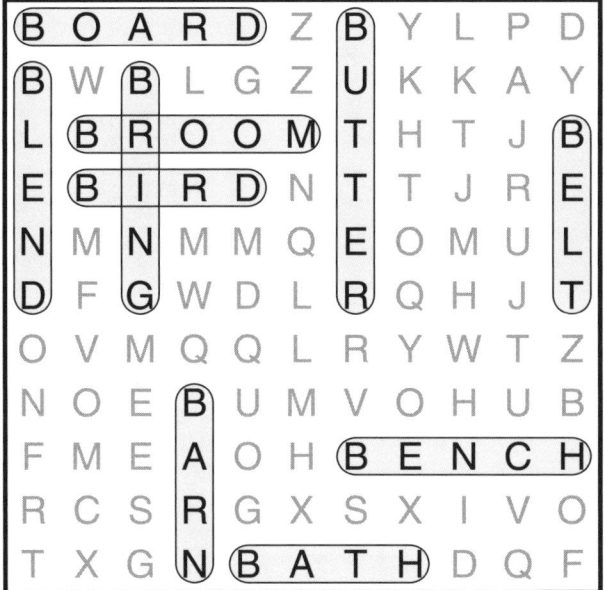

```
B O A R D  Z  B  Y  L  P  D
B  W  B  L  G  Z  U  K  K  A  Y
L  B  R  O  O  M  T  H  T  J  B
E  B  I  R  D  N  T  T  J  R  E
N  M  N  M  M  Q  E  O  M  U  L
D  F  G  W  D  L  R  Q  H  J  T
O  V  M  Q  Q  L  R  Y  W  T  Z
N  O  E  B  U  M  V  O  H  U  B
F  M  E  A  O  H  B E N C H
R  C  S  R  G  X  S  X  I  V  O
T  X  G  N  B A T H  D  Q  F
```

7 Soft *C* Sounds

```
R  J  F  Q  P E N C I L  T
K  U  R  Z  M  P  O  V  C  S  I
O  T  P  B  S  R  S L I C E
L  K  T  C  V  I  C  K  T  N  T
A  D  S  R  Y  N  W  M  Y  Z  S
C  L  F  D  I C Y  F  H  F  J
Y  S  K  J  C  E  J  H  B  A  U
M  J  G  O  Q  S  C  W  J  N  I
H  E  U  V  W  S  F  K  J  C  C
B  T  W  D A N C E  E  Y  E
S  S  L  K  R  H  F A C E  K
```

6 Hard *C* Sounds

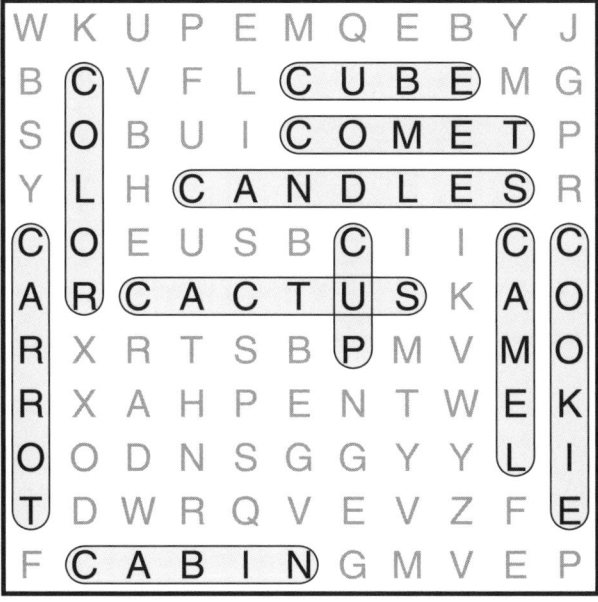

```
W  K  U  P  E  M  Q  E  B  Y  J
B  C  V  F  L  C U B E  M  G
S  O  B  U  I  C O M E T  P
Y  L  H  C A N D L E S  R
C  O  E  U  S  B  C  I  I  C  C
A  R  C A C T U S  K  A  O
R  X  R  T  S  B  P  M  V  M  O
R  X  A  H  P  E  N  T  W  E  K
O  O  D  N  S  G  G  Y  Y  L  I
T  D  W  R  Q  V  E  V  Z  F  E
F  C A B I N  G  M  V  E  P
```

8 *CH* Sounds

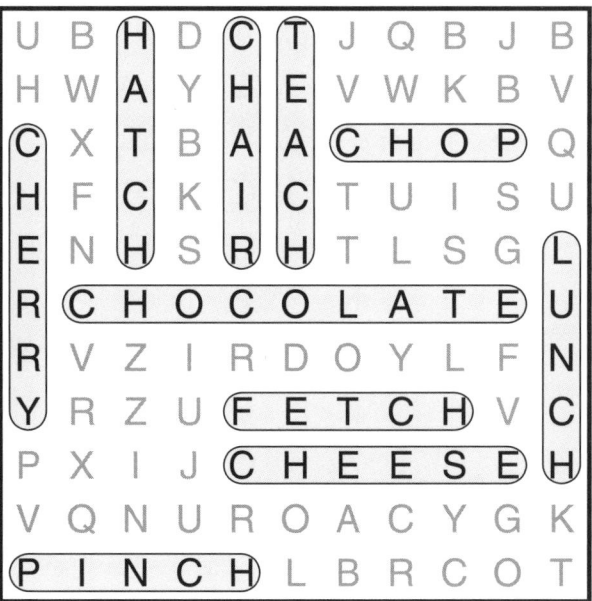

```
U  B  H  D  C  T  J  Q  B  J  B
H  W  A  Y  H  E  V  W  K  B  V
C  X  T  B  A  A  C H O P  Q
H  F  C  K  I  C  T  U  I  S  U
E  N  H  S  R  H  T  L  S  G  L
R  C H O C O L A T E  U
R  V  Z  I  R  D  O  Y  L  F  N
Y  R  Z  U  F E T C H  V  C
P  X  I  J  C H E E S E  H
V  Q  N  U  R  O  A  C  Y  G  K
P I N C H  L  B  R  C  O  T
```

9 *CK* Sounds

11 *E* Words

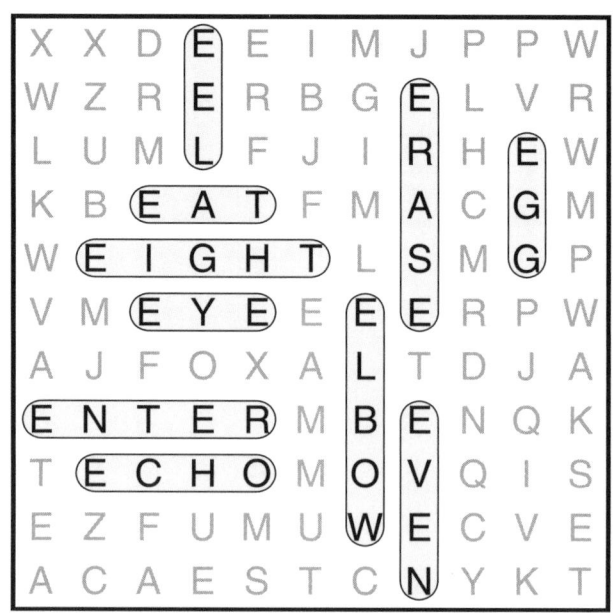

10 *DR* Words

12 Long *E* Sounds

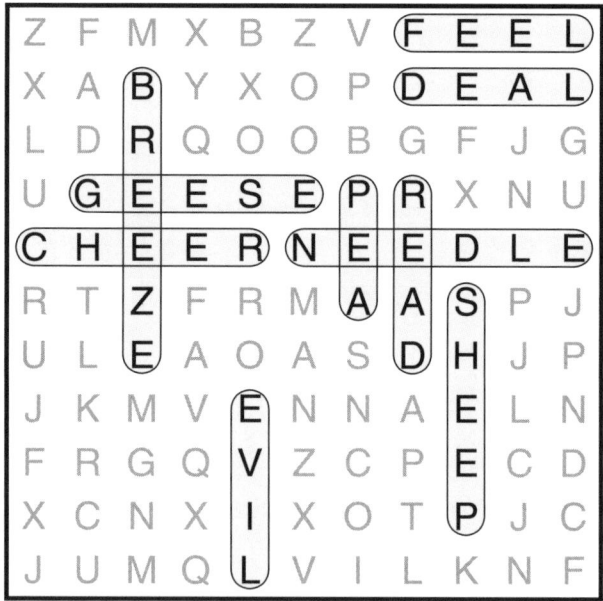

13 Short *E* Sounds

```
X T E S T  I  G W F W P
E W S C V D L D A Z Z
S N E H S  I  B S G S K
G M E L E P H A N T M
Z H G L N T  I  Y P E N
V E  J  B D G V E X I T
H N G P D C N E R  I  F
S G Z M W P E B H G R
B I  Q D E S K M E L T
E N L O B C A P L T J
G E O G Q Q O F P U R
```

15 Hard *G* Sounds

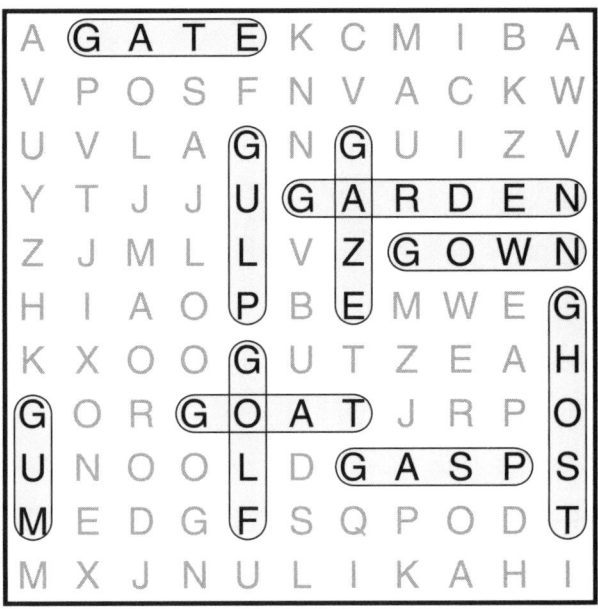

```
A G A T E K C M  I  B A
V P O S F N V A C K W
U V L A G N G U  I  Z V
Y T  J  J  U G A R D E N
Z J M L L V Z G O W N
H I  A O P B E M W E G
K X O O G U T Z E A H
G O R G O A T J R P O
U N O O L D G A S P S
M E D G F S Q P O D T
M X J N U L  I  K A H I
```

14 *F* Words

```
L W P D  J  C G X A S L
I  G W Q F L O A T L T
Q S N F O U R G F R F
F A R M G Q O F Y  J  E
U Q T F K T M L O F A
V F O R T T Z O I  T
F R A M E  J  F O U H
T F P K F R R R L E
Y I  Q N S Z E H  J  R
D R U N B X K P O V
E L Y K A B G Q T Z F
```

16 Soft *G* Sounds

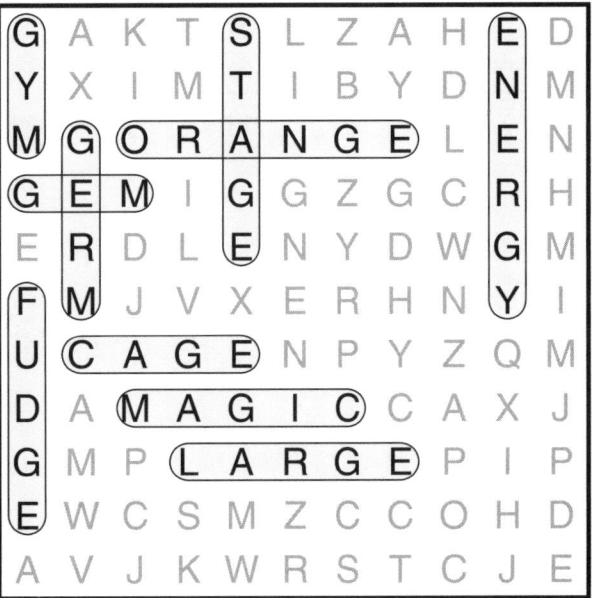

```
G A K T S L Z A H E D
Y X I  M T  I  B Y D N M
M G O R A N G E L E N
G E M  I  G G Z G C R H
E R D L E N Y D W G M
F M  J  V X E R H N Y I
U C A G E N P Y Z Q M
D A M A G I C C A X J
G M L A R G E P I  P
E W C S M Z C C O H D
A V J K W R S T C J E
```

17 *GL* Words

19 *H* Words

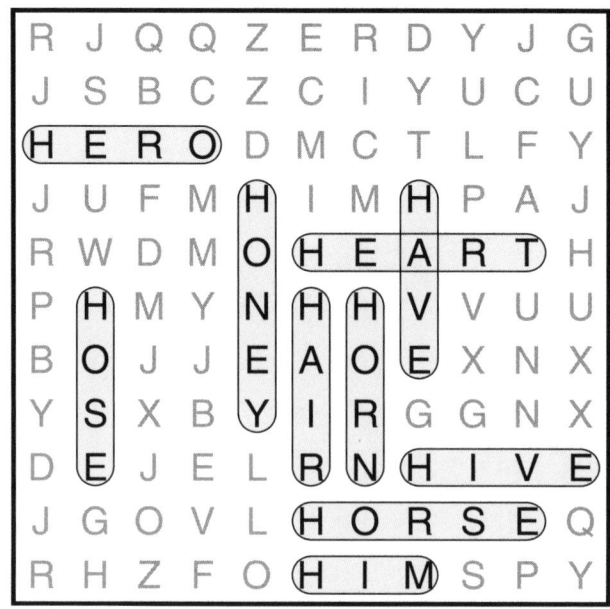

18 *GR* Words

20 Long / Sounds

21 Short *I* Sounds

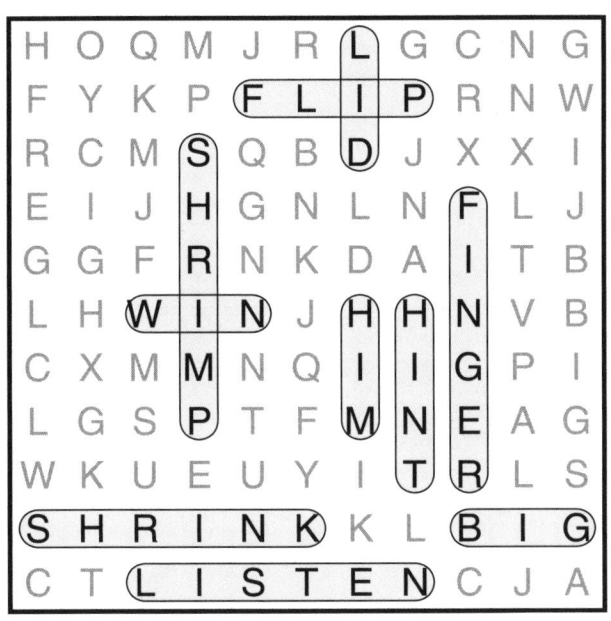

23 *KN* Words

22 *J* Words

24 *L* Words

25 *M* Words

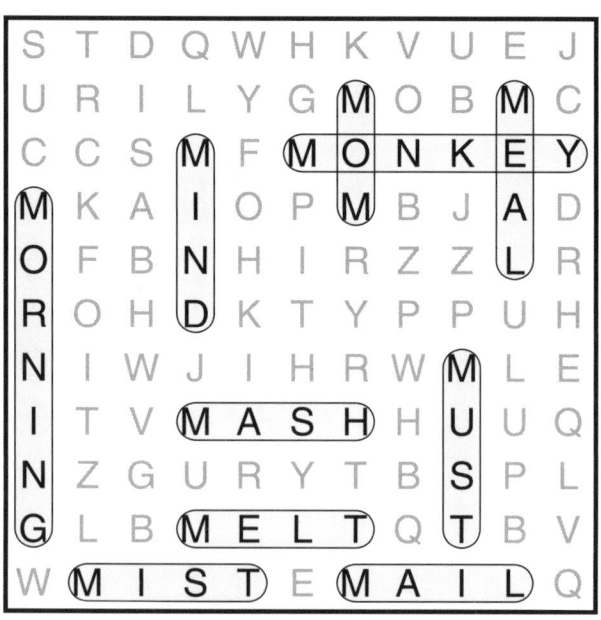

27 *NK* Sounds

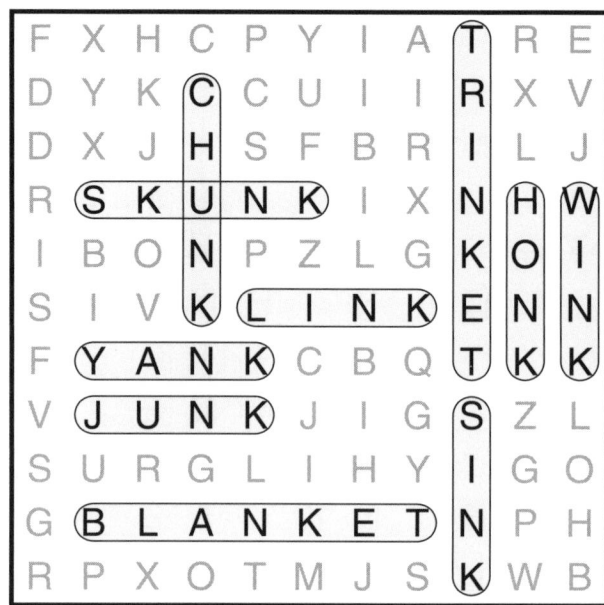

26 *NG* Sounds

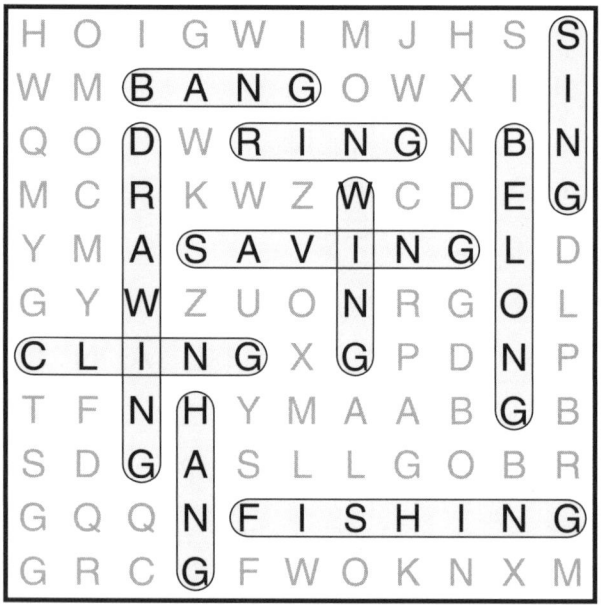

28 Long *O* Sounds

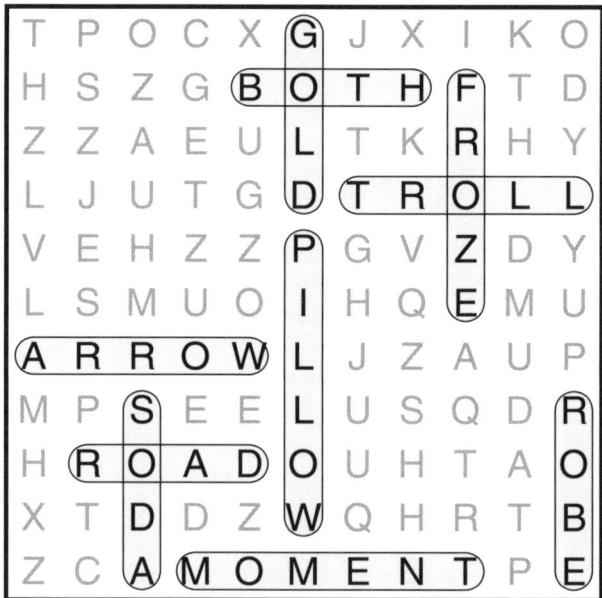

29 Short *O* Sounds

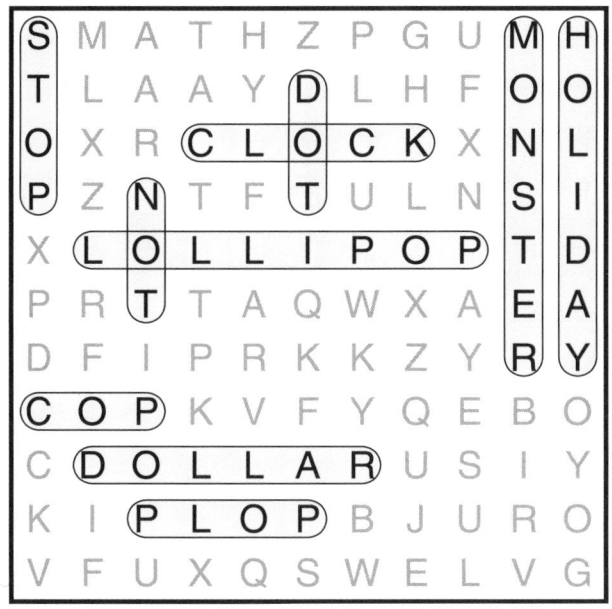

31 Long *OO* Sounds

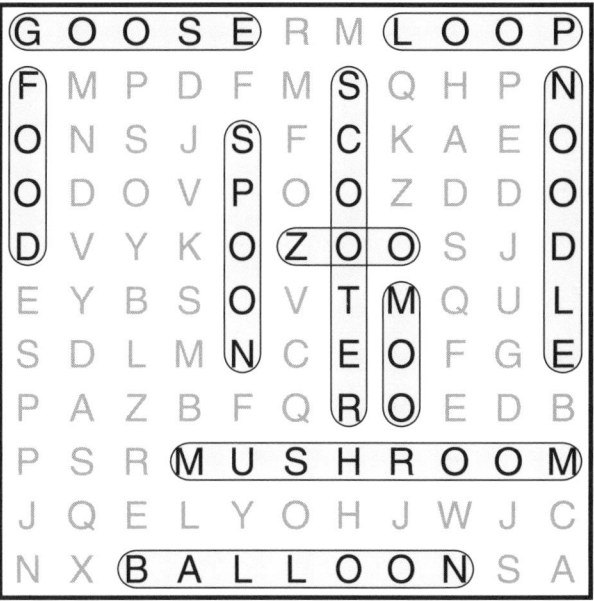

30 *OI* Sounds

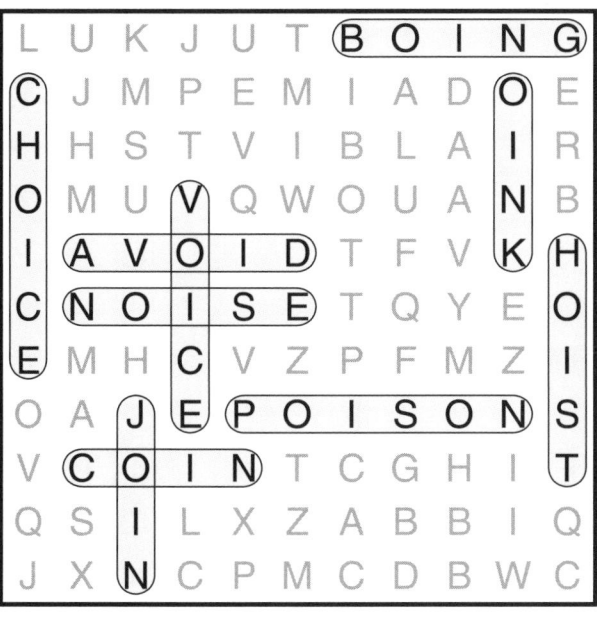

32 Short *OO* Sounds

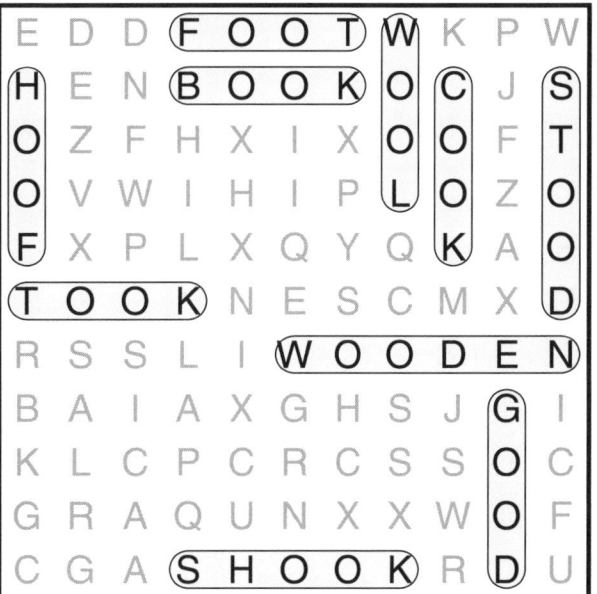

33 *OU* Sounds

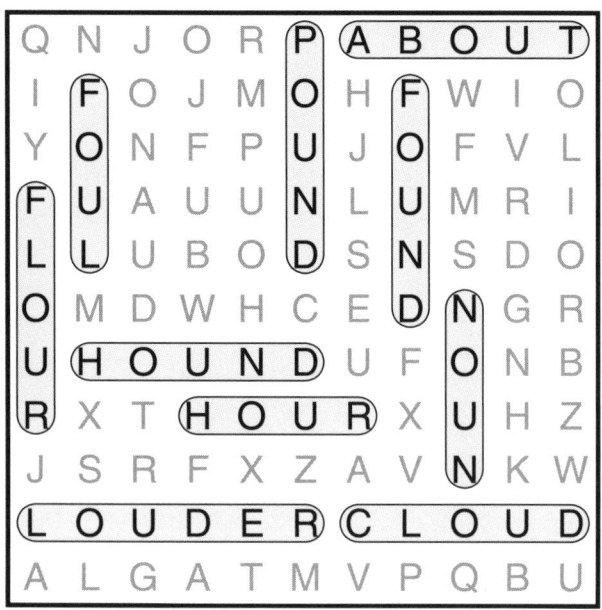

35 *PH* Sounds

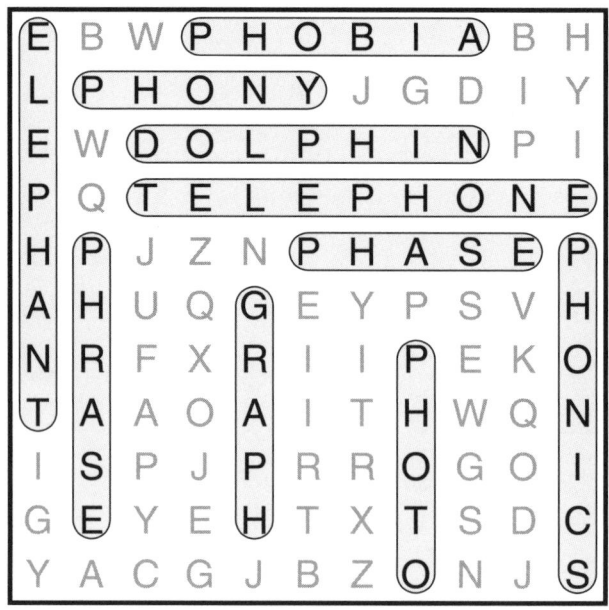

34 *P* Words

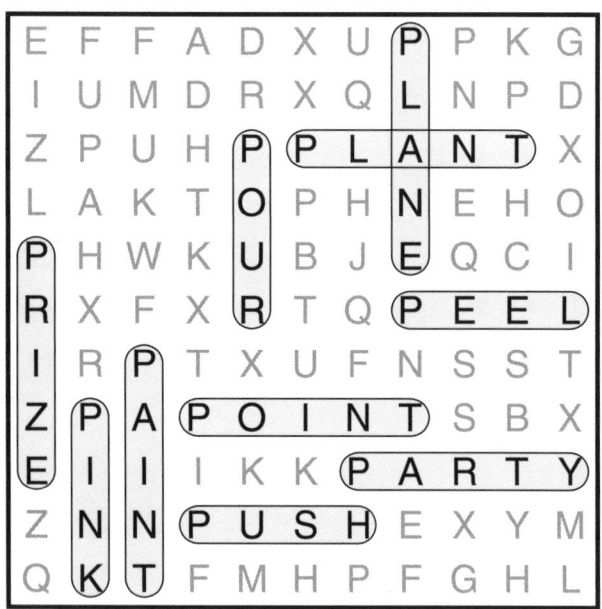

36 *Q* Words

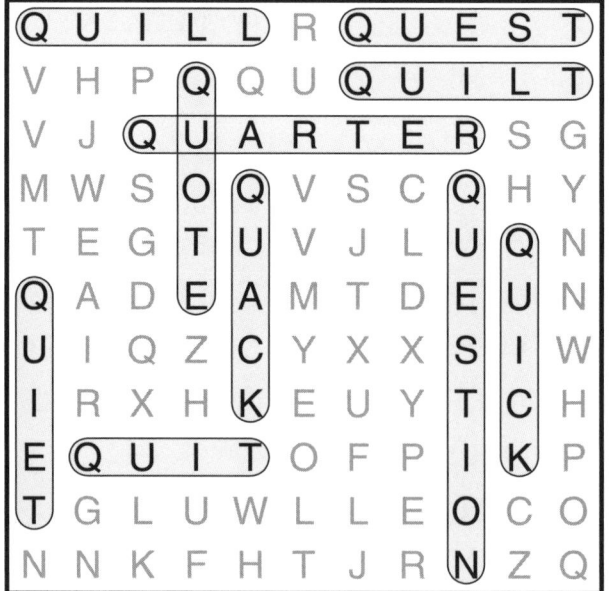

37 *R* Words

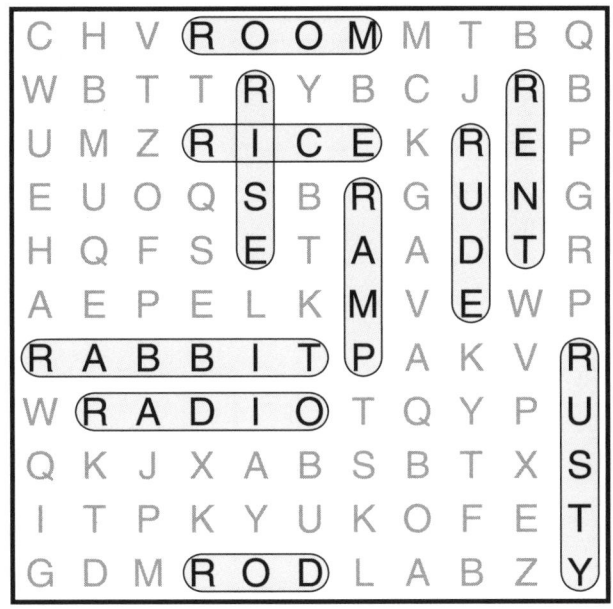

39 *SW* Words

38 *SH* Words

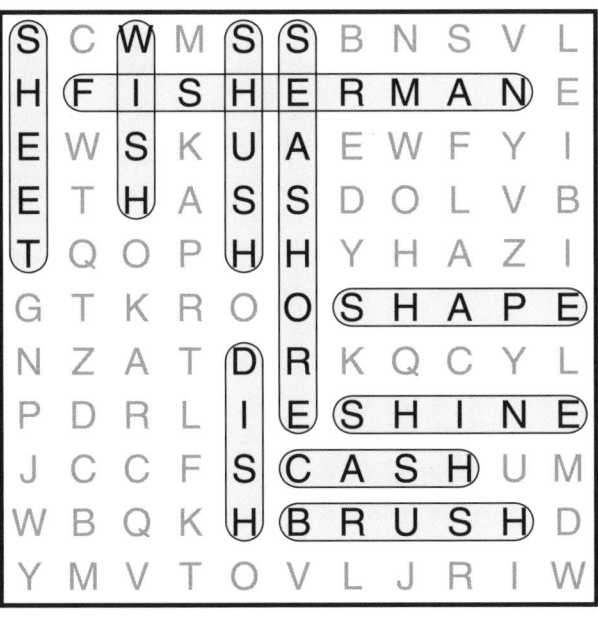

40 *TH* Words

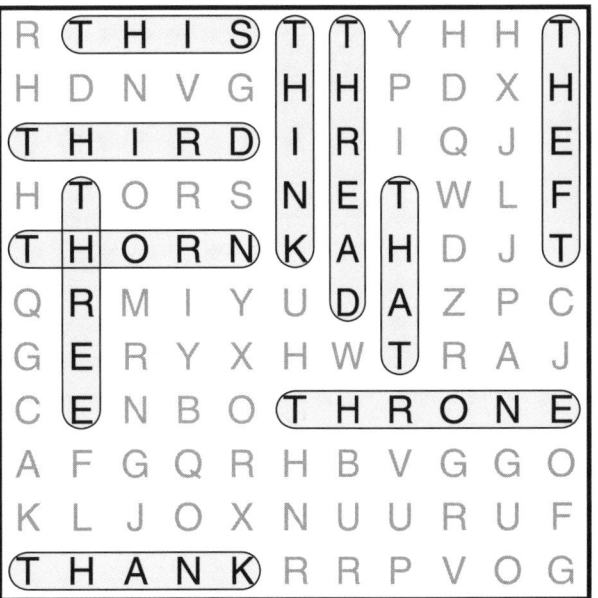

41 *TW* Words

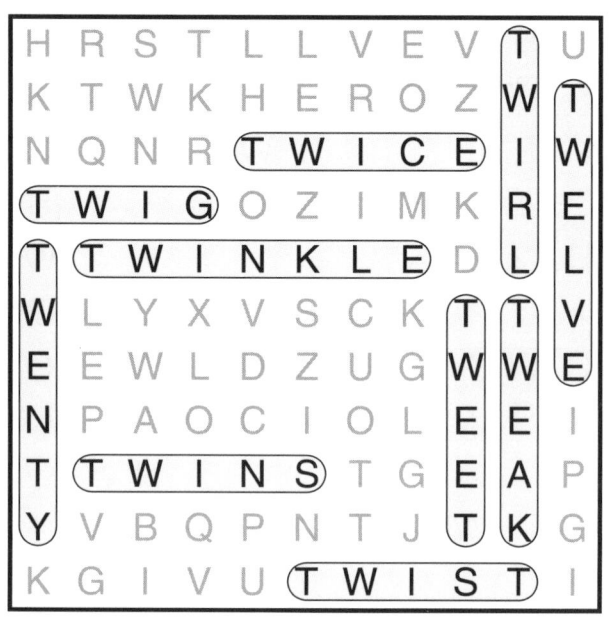

43 Short *U* Sounds

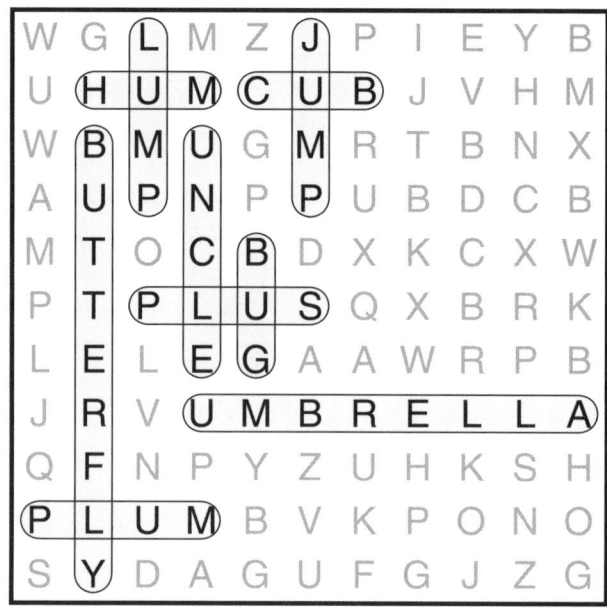

42 Long *U* Sounds

44 *V* Words

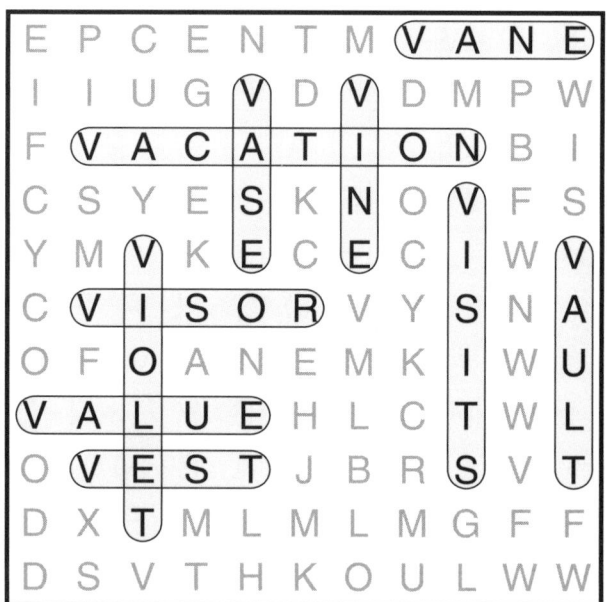

45 *WH* Words

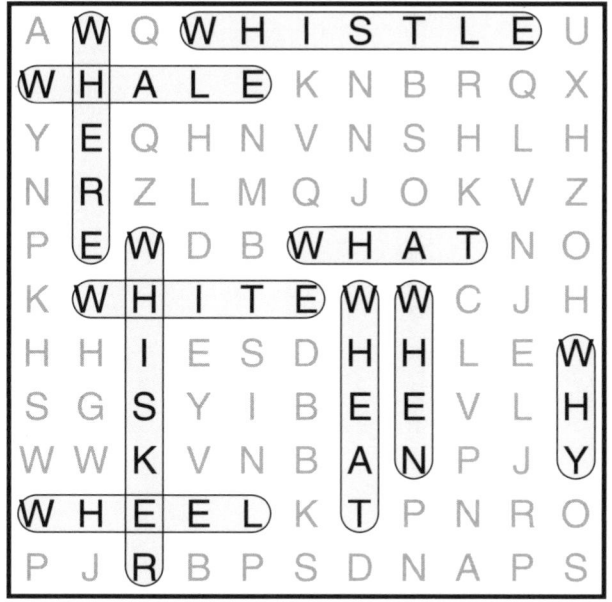

47 *Y* Words

46 *X* Words

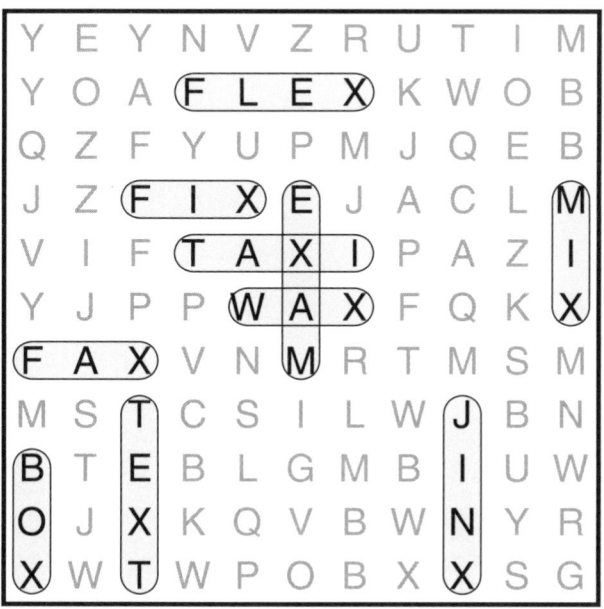

48 *Z* Words